DER ARME PETER

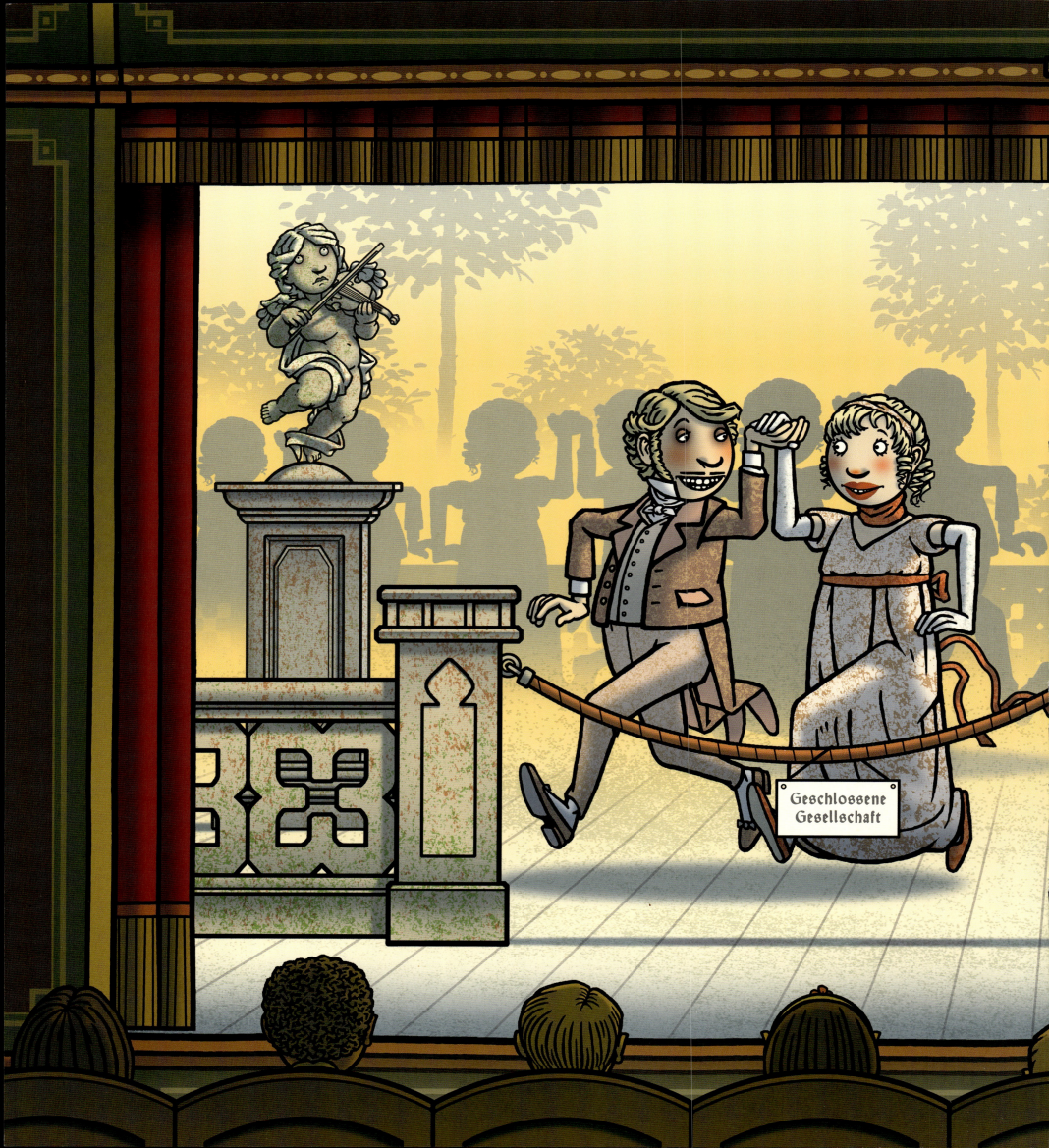

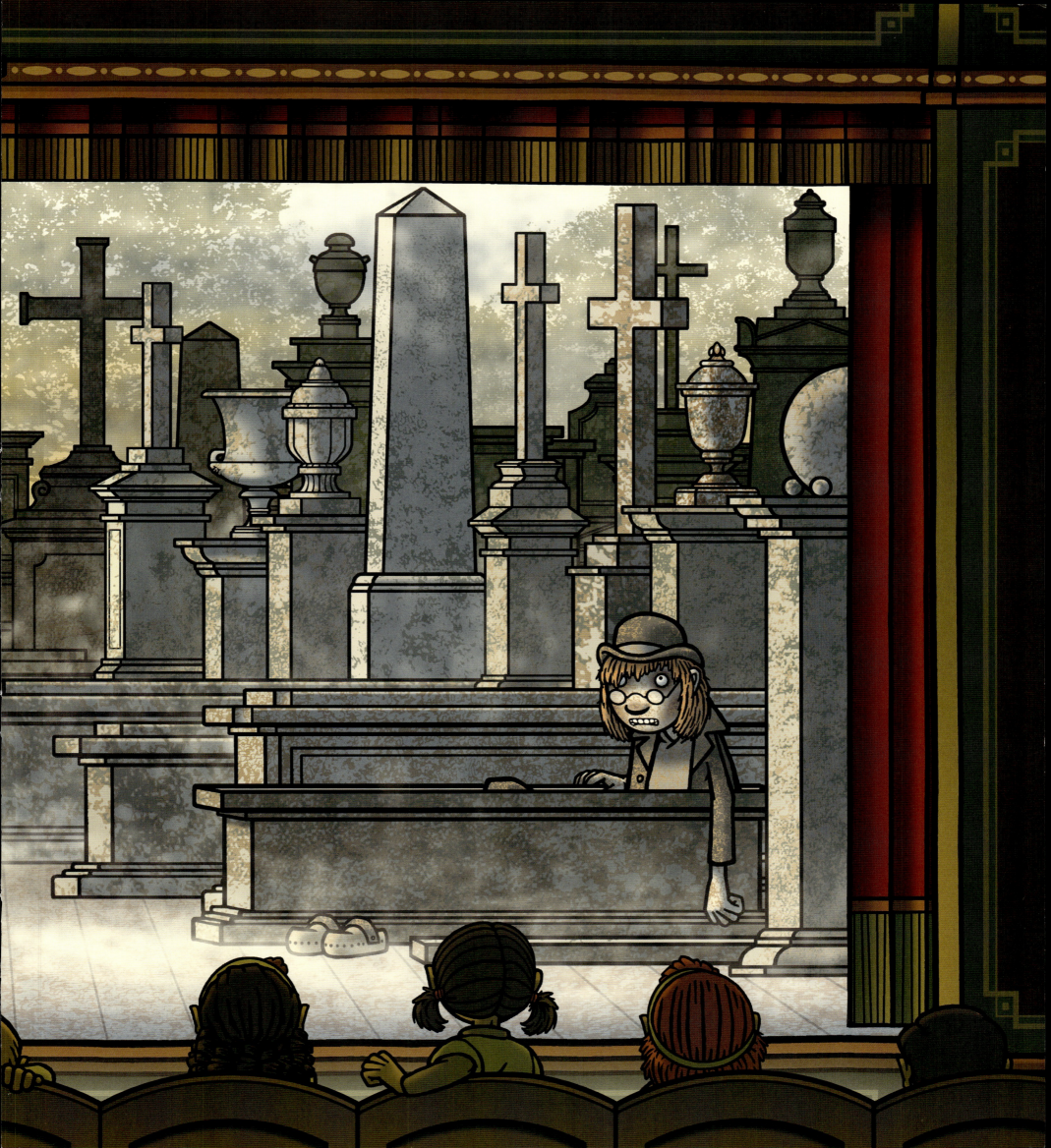

Heinrich Heine, 1797 in Düsseldorf geboren, ist einer der bedeutendsten deutschen Dichter. Trotz eines abgeschlossenen Studiums der Rechtswissenschaften in Bonn, Göttingen und Berlin hat er ein Leben als Schriftsteller und Publizist vorgezogen. Seine romantischen Gedichte machten ihn berühmt; sie wurden mehrfach vertont und werden heute noch in vielen Sprachen gern gelesen. Zudem war er ein scharfzüngiger Feuilletonist, politischer Denker und Anhänger der demokratischen Bewegung. Er hat Deutschland, England und Italien bereist. Nachdem seine politischen Schriften zur französischen Juli-Revolution von 1830 in den deutschen Ländern verboten wurden, ließ er sich schließlich im Exil in Paris nieder, wo er 1856 starb. Das Gedicht *Der arme Peter* ist erstmals 1827 im *Buch der Lieder* veröffentlicht worden.

Peter Schössow, 1953 geboren, zählt zu den großen zeitgenössischen Bilderbuchkünstlern. *Der arme Peter* ist sein zehntes Bilderbuch bei Hanser. Bisher erschienen: *Meeres Stille und glückliche Fahrt* von J. W. v. Goethe (2004), *Gehört das so??!* (2005), *Die Mausefalle* von Christian Morgenstern (2006), *Die Prinzessin* von Arnold Schönberg (2006), *Baby Dronte* (2008), *Jonathan und die Zwerge aus dem All* von Jostein Gaarder (2010), *Meehr!!* (2010), *Mein erstes Auto war rot* (2010) und zuletzt als Neuausgabe *Ich, Kater Robinson* (2012). Für *Gehört das so??!* erhielt Peter Schössow 2006 den Deutschen Jugendliteraturpreis.

Der Gedichttext beruht auf der 1968 im Carl Hanser Verlag erschienenen Ausgabe:
Heinrich Heine »Sämtliche Schriften«, Erster Band

Unser gesamtes lieferbares Programm und viele andere Informationen finden Sie unter www.hanser-literaturverlage.de

1 2 3 4 5   17 16 15 14 13

ISBN 978-3-446-24021-6
Alle Rechte vorbehalten | © Carl Hanser Verlag München 2013
Umschlag und Layout: Peter Schössow
Satz im Verlag | Druck und Bindung: TBB, a.s.
Printed in Slovak Republic

MIX
Aus verantwortungsvollen Quellen
FSC® C022120